AF258148

PÉTITION

DÉPORTÉS DE LA MARTINIQUE,

AUX DEUX CHAMBRES,

DEMANDANT UNE INDEMNITÉ A L'OCCASION DE LEUR DÉPORTATION
SANS JUGEMENT ;

DÉPOSÉE

A la Chambre des Députés le 22 décembre 1824, jour de l'ouverture
de la Session ; et à la Chambre des Pairs, le 31 décembre.

A la Chambre des Pairs

et

à la Chambre des Députés

des Départements.

Nobles Pairs,

Messieurs les Députés,

TANDIS que le gouvernement du Roi s'occupe, avec votre concours, à réparer les malheurs d'une classe nombreuse de Français, et une infortune déjà ancienne, qu'il nous soit permis de faire un appel à la générosité de vos cœurs et aux nobles inspirations de vos consciences, pour une infortune bien plus récente, et dont les cruels effets durent encore.

Nous demandons une réparation autant morale que pécuniaire, pour l'attentat commis sur les hommes de couleur de la Martinique, et pour le préjudice immense que les déportés de cette colonie ont souffert et souffrent encore, eux et leurs familles, dans leurs propriétés, dans leurs personnes et dans leur industrie.

Leur droit à cette réparation repose sur les principes les plus sacrés de la justice.

Au mois de décembre 1823, une brochure publiée à Paris sur l'état des hommes de couleur, et non poursuivie en France, a été introduite à la Martinique. Aussitôt elle fut dénoncée au gouverneur par trois colons, se disant commissaires des habitants de la Basse-Pointe de Macouba, et de la grande Anse; leur lettre était accompagnée d'insinuations menaçantes.

Le gouverneur informé de l'effervescence des esprits, et craignant pour la sûreté de la colonie, a pris sous sa responsabilité de déporter *sans jugement*, sans les avoir interrogés ni entendus, les hommes de couleur les plus influents de la colonie.

A l'époque du 15 mars 1824, ces bannissements comprenaient déjà plus de deux cents personnes; on assure que les expatriations ont été de près de quinze cents : ce qu'il y a de certain pour nous, c'est que les quarante-quatre négociants, propriétaires et artisans, ont été déportés pour France.

Douze ont été arrêtés le 23 décembre, et transférés à bord du navire *la Béarnaise;* ce sont

MM. Joseph *Eriché*, Mont-Louis *Thébia*, Joseph *Millet*, *Armand*, Hilaire *Laborde*, Germain *Saint-Aude* père, Étienne *Pascal*, *Dufond*, *Angel*, Joseph *Verdact*, *Mont-Ganier* et Édouard *Nouillé*.

Dans la nuit du 24 au 25 décembre, Germain Saint-Aude se jeta dans la mer, de désespoir; il a été remplacé par son fils *.

Cette première mesure fut régularisée par une décision du 27 décembre 1823, dont copie a été refusée à ceux qu'elle concerne, malgré les demandes réitérées, adressées par leur défenseur et renouvelées le 3 juillet 1824. — Tout ce qu'on en sait, c'est que des membres du comité colonial y ont été appelés, et qu'elle contient à l'égard des uns une déportation pour France, à l'égard des autres une déportation pour le Sénégal.

Par décision également secrète des 5, 16, 25 janvier et 6 février 1824, les sieurs Louison *Castor*, Remi *Bussicher*, Jean-Baptiste *Florestan*, André *Voltaire*, Michel *Guérin*, Elie *Welmon*, Philippe *Baurry*, Hippolyte *Réné*, St.-Cyr *Latour*, Charlery *Desgrottes*, Joseph *Château*, Dominique *Lafontaine*, Tite *Paulmy*, François *Denis*, Étienne *Régis*, Louis *Anaclet*, Vincent *Lubin*, François *Lacour*, Julien *Sainte-Marthe*, Charles *Placide*, Jacques *Lesgras*, Joseph-Charles *Ballon*, Jacques *Chantera*, Germain *Saint-Aude* fils, Jacques *Ca-*

---

* Ce fait a été nié, mais il est attesté par un certificat. V. Pièces Justificatives, nº 131 du recueil imprimé.

del, Hippolyte *Zenne*, Jean-Pierre *Amédée*, Pierre *Bois*, Jean *Charles*, Pierre *Féréole*, Sainte-Rose *Ambroise*, Joseph *Abraham*, furent aussi embarqués pour France.

Les plus riches ont été déportés pour les colonies étrangères.

Deux de ces infortunés, Sainte-Rose *Ambroise* et Joseph *Abraham* sont morts dans la traversée.

En supposant, ce qui n'est nullement prouvé, et ce que les jurisconsultes les plus renommés de la France affirment ne point exister, que, dans les colonies, les gouverneurs aient le droit de frapper les personnes de déportation *sans jugement*, il est de toute évidence que ce pouvoir, créé pour la sûreté de la colonie, cesse de plein droit hors de son territoire.

Arrivés au nombre de quarante-un sur les côtes de France, ils se sont empressés de réclamer la protection des lois françaises, ainsi que le constate une lettre écrite par M. Frain, substitut du procureur du Roi, à Brest, à M. Testard, avoué, fin avril 1824. (L'original de cette lettre a été produit au Conseil d'État le 7 août 1824, et enregistré sous le n° 6624.)

Une seconde lettre du même substitut, sous la date du 19 mai (également produite), constate le fait de leur détention.

Un certificat du sous-préfet de Brest, en date du 3 juin 1824 (également produit), établit qu'ils sont retenus sous la surveillance de la haute police, et qu'on leur a refusé des passe-ports.

Dès le 12 mai, le soussigné, en vertu de leur pouvoir, adressa à S. Exc. le ministre de la marine, un mémoire tendant au sursis à l'exécution de l'ordre de déportation.

Le 14 mai, il a produit une attestation de douze maisons considérables du commerce de Paris, exprimant à Son Excellence leurs alarmes sur la nature de cette déportation et sur les pertes qui devaient en résulter pour le commerce français.

Le 19 mai, il adressait à S. Exc. le président du Conseil des ministres une supplique pour être mise sous les yeux du Roi.

Le 31 mai, il écrivait au ministre de la marine, pour rappeler à S. Exc. l'assurance verbale de sursis qui avait été donnée dans ses bureaux, et la crainte exprimée par trente-sept Déportés, transférés de Brest à Rochefort, qu'ils ne fussent embarqués pour le Sénégal.

Arrivés en rade de l'île d'Aix, ceux-ci ont également réclamé la protection des lois françaises par l'organe de Me Mesnard, avocat, ainsi qu'il résulte d'un certificat de M. le commandant de la marine à Rochefort, sous la date du 5 juin. (Également produit en original au conseil du roi.)

Le défenseur s'occupait à Paris de la rédaction du mémoire propre à éclairer la justice du monarque sur l'illégalité et l'injustice manifeste de la déportation, quand tout-à-coup il reçoit l'avis que trente-cinq des Déportés transférés à Rochefort ont été, le 25 juin, embarqués pour le Sénégal.

Les vents étaient défavorables, le vaisseau ne pouvait sortir de la rade. Il se hâte d'écrire les 29 et 30 juin les lettres les plus suppliantes à LL. EExc. le ministre de la marine et le président du Conseil, pour faire donner par le télégraphe l'ordre de sursis ; il ne reçoit aucune réponse. Sentant que la vie de ces infortunés dépend peut-être de son zèle, il donne de la publicité à ses lettres. Il obtient de Son Exc. le ministre de la marine une lettre datée du 30 juin (mais qui n'est parvenue à son adresse par la poste que le 2 juillet, à six heures du soir), par laquelle Son Exc. annonce qu'elle va *sur-le-champ* se faire rendre compte de ces réclamations. L'espérance renaît au fond du cœur du défenseur, et, comme il n'avait donné qu'avec regret de la publicité à une affaire si déplorable, il s'empresse de cesser toutes autres démarches et de suspendre l'effet d'une plainte adressée à la chambre des Pairs, ainsi que le constatent deux lettres, du 3 juillet, l'une de Mgr. le chancelier de France, et l'autre de remercîment, adressée par le soussigné à Son Exc. le ministre de la marine.

Le 1er du même mois il avait, non par voie de récrimination, mais pour obtenir la mise en liberté des Déportés, demandé au Conseil d'État l'autorisation de poursuivre devant les tribunaux, pour détention illégale, M. le sous-préfet de Brest, et le commandant du navire le Chameau.

Le 8 juillet, au matin, il présenta une requête en *sursis*.

Mais bientôt les espérances qu'on avait conçues s'évanouirent; le navire le Chameau trouva des vents assez favorables pour suivre sa cruelle destination. On n'avait laissé à terre que les sieurs Régis et Saint-Cyr Latour qui étaient malades et détenus à l'hôpital de la marine à Rochefort.

Le 26 et le 29 juin, le défenseur avait présenté au Roi et à son Conseil des ministres, le mémoire justificatif de ces infortunés.

L'honorable Me *Billecoq*, dans une consultation * du 8 juillet avait signalé l'injustice de cette déportation et la nécessité d'une réparation éclatante. Cet homme de bien a été comme nous trompé dans son attente; vainement, par des requêtes des 10 et 14 juillet nous avons supplié le ministre de la marine de remplir la promesse qu'il nous avait faite dans sa lettre du 30 juin; Son Exc. n'a plus daigné répondre.

Dans la séance de la Chambre des Députés, du 17 juillet, ce ministre répondant à un orateur qui contestait l'allocation de la dépense des colonies, a déclaré qu'il avait approuvé la conduite de M. le gouverneur Donzelot, et qu'on avait égaré le public en lui racontant des horreurs. Nous n'avons dit que la vérité, et nous l'avons dite avec modération. C'est Son Exc. qui a été trompée dans une

* L'original de cette consultation a été produit au Conseil d'État sous le n° 8, le 7 août 1824.

circonstance aussi grave. Nous en avons fourni la preuve dans une réponse au discours de Son Exc. qui lui a été adressée à elle-même, le 23 juillet.

La Chambre des Députés n'a point encore émis d'opinion sur cette grave affaire, et elle ne le pouvait pas; elle n'avait à statuer que sur l'allocation du crédit demandé, et assurément l'incident élevé dans son sein n'était pas de nature à changer sa délibération.

La Chambre n'a pas voulu entamer la discussion d'une affaire aussi grave dans des circonstances aussi pénibles. Elle savait que la justice du Roi en était saisie et elle a dû, comme la chambre des Pairs, dans sa séance du 30 juillet s'abstenir d'une intervention prématurée.

Les Chambres ne statuent sur les griefs des particuliers que quand ceux-ci ont épuisé tous les recours que les lois leur indiquent.

Le défenseur a rempli ce devoir.

Le 3 juillet 1824 il a dénoncé à la cour royale de Rennes le fait de détention arbitraire commis dans son ressort. Il pria M. le procureur-général, alors à Paris, où il exerçait les fonctions de Député, de donner ordre d'informer à cet égard, ainsi que cela est justifié par une lettre de ce magistrat du 16 juillet 1824. Il a fait la même dénonciation à la cour royale de Poitiers le 21 juillet; il n'a pas obtenu d'accusé de réception.

Le 30 juillet, MM. Eriché, Laborde et autres, ont adressé une plainte en détention arbitraire à M. le procureur du Roi, de Brest, qui leur en a accusé réception le même jour; mais il ne paraît pas y avoir donné suite.

Le défenseur a rendu plainte devant M. le procureur du Roi, de Rochefort, par lettre du 3 juillet, au nom des 35 Déportés. En même temps, les sieurs Régis et Saint-Cyr Latour ont déposé personnellement une plainte devant le même magistrat qui leur en a accusé réception (ces deux pièces ont été produites au Conseil-d'État le 7 août). On a d'ailleurs la preuve de ces diligences dans deux lettres du même magistrat, des 23 juillet et 6 août 1824, ci-jointes. Ce magistrat a rempli son devoir en transmettant les pièces à M. le procureur-général à la cour de Poitiers.

Les sieurs Régis et Saint-Cyr Latour sont toujours détenus à Rochefort, ainsi que le constate une lettre du commandant de la marine sous la date du 23 juillet.

Le même jour, 23 juillet, eux et les quatre déportés retenus à Brest, ont fait une déclaration de pourvoi en cassation, afin de répondre devant cette cour à la qualification de *Condamnés* que leur avait donnée S. Exc. le ministre de la marine.

La cour de cassation n'a point cru à l'existence de ces jugements, et par une lettre de son président du 20 août 1824, elle a jugé inutile d'accorder au défenseur la faculté de plaider même sur l'admission de ce pourvoi.

Deux anciens magistrats de la colonie, MM. de

Mauny et Cacqueray de Valmenier, ayant, dans deux lettres rendues publiques, répété les qualifications qui avaient été données aux suppliants par S. Exc. le ministre de la marine, ceux-ci les ont fait citer devant le tribunal de première instance, pour qu'ils eussent à représenter ces jugements, ou a s'avouer diffamateurs; mais le tribunal, par jugement du premier septembre 1824, s'est déclaré incompétent. Ce jugement a été confirmé par la cour royale de Paris le 4 décembre. Aujourd'hui S. Exc. le ministre de la justice aurait seul le droit de provoquer de la cour de cassation l'autorisation de poursuivre.

Le Conseil d'État n'a encore rien statué sur la requête qui lui a été présentée le premier juillet, malgré que le défenseur ait fourni, dès le 7 août, toutes les pièces justificatives de plaintes préalables. Ces pièces ont même été retirées des mains du rapporteur par le ministère.

Au surplus, cette instance au Conseil d'État n'est relative qu'à la mise en jugement des fonctionnaires. A l'égard du Mémoire au Roi et au Conseil des ministres, le recours a été épuisé, et il ne reste plus que l'autorité des Chambres.

Cependant, un Prince auguste, digne de tous nos respects, a daigné faire connaître au défenseur, le 6 septembre, l'intérêt qu'il avait pris au sort de tant d'infortunés.

Malgré cette intercession puissante, en vertu d'une dépêche du ministre de la marine du 15 août et de celle du ministre de l'intérieur du 21, notifiée le 26, les quatre déportés résidant à Brest ont reçu l'ordre de quitter le territoire français dans quinzaine. Une telle mesure pourrait sans doute être regardée comme un adoucissement de peine, à l'égard de ceux qui sont déportés au Sénégal, et c'est à ce titre que nous en avons réclamé l'application par une lettre du 17 septembre; mais elle était une aggravation véritable de peine, pour ceux qui, par la décision même dont ils étaient frappés, devaient séjourner en France. Aussi, se sont-ils refusés à l'exécuter. MM. Eriché et Laborde ont déposé leur protestation entre les mains de M. le sous-préfet du Havre, avant leur embarquement. Elle a été inutile, au moins à leur égard. Quant à ceux du Sénégal, malgré les lettres suppliantes adressées au nouveau ministre de la marine, le 14 août 1824, malgré le renvoi ordonné par le nouveau Monarque, le 9 octobre, en réponse à une supplique à lui présentée le 5, on a gardé le même silence.

Cependant, nous apprenons, par une lettre du Sénégal, datée du 25 octobre que ce climat, qu'on soutient n'être pas meurtrier, en a déjà fait périr trois, les sieurs François *Denis*, Jacques *Chantera*, et Vincent *Lubin*; que plusieurs autres sont atteints de fièvres et de dyssenteries et que leurs jours sont en grand danger. Voilà donc déjà six personnes qui ont payé de leur vie le salut de la colonie.

Ils périront tous, de misère et de chagrin, si les

deux Chambres ne daignent intervenir en leur faveur, pour obtenir leur mise en liberté. Car, il est bien différent de résider au Sénégal pour y chercher fortune, ou d'y être détenu, sans moyens d'existence. Qui, dans une colonie où règne le pouvoir absolu, osera prendre à son service des hommes frappés d'une telle suspicion? Le gouvernement ne leur fournit aucun secours, et le sort de plusieurs est pire que s'ils étaient des condamnés ou des esclaves; car à ceux-ci, on fournit au moins la subsistance!

Maintenant, nous supposerons que le salut de la colonie ait exigé que ces quarante-quatre déportés déjà réduits à trente-huit fussent bannis de son sein pour assurer sa tranquillité, on ne peut pas soutenir qu'ils sont coupables, puisqu'ils n'ont point été jugés; et qu'ils n'ont été convaincus d'aucun crime ou délit, puisqu'ils ne sont pas même privés de leurs droits civils.

Il paraît qu'aucun d'eux ne sera autorisé à rentrer dans la colonie. C'est donc une confiscation véritable que l'on fait de leurs établissements industriels. Quarante-un de ces déportés représentent une valeur de 1,900,000 francs. Ils ont cinquante-sept enfants; tous éprouveront des pertes considérables, par la disposition forcée de leurs propriétés.

Nous supplions la Chambre de vouloir bien prendre cette humble supplique en considération, la renvoyer au président du conseil et au ministre de la marine, afin que la mise en liberté de chacun d'eux soit prononcée purement et simplement, et notifiée aux autorités du Sénégal dans le plus bref délai.

Et dans le cas où, pour cause de sûreté publique, il ne leur serait pas accordé de rentrer à la Martinique, il conclut à ce qu'il leur soit alloué, sur la dotation de cette colonie, une indemnité proportionnée aux pertes dont chacun d'eux pourra justifier.

Le principe de cette responsabilité pécuniaire existe dans la loi du 26 février 1790 et dans celle du 10 vendémiaire an IV; elle forme la base du projet d'indemnité aux émigrés. Il doit être désormais généralisé. Il est juste que la colonie paye le préjudice résultant de mesures extra-judiciaires et de salut public, que les autorités déclarent avoir été faites dans son intérêt,

Paris, 22 décembre 1824.

Pièces produites. 1º . . . . . . etc.

ISAMBERT, *Avocat.*

DE L'IMPRIMERIE DE E. POCHARD,
RUE POT-DE-FER, Nº 14, A PARIS.